AF275851

95
LOS VERSOS DE CORDELIA

XXVII Premio de Poesía Ciudad de Salamanca

Un jurado presidido por Antonio Colinas Lobato e integrado por Asunción Escribano Hernández, Fermín Herrero Redondo, Juan Antonio González Iglesias, César Antonio Molina Sánchez, José Luis Puerto y Jesús Egido Salazar, con José María Lozano Castaño como secretario, otorgó por unanimidad al libro *Carreteras que brillan en el bosque*, de Ramiro Gairín Muñoz, el XXVII Premio de Poesía Ciudad de Salamanca.

Carreteras que Brillan en el Bosque

Primera edición en LOS VERSOS DE CORDELIA, noviembre de 2024

Edita: Reino de Cordelia
www.reinodecordelia.es
X ▢ @reinodecordelia ▪ facebook.com/reinodecordelia
▶ www.youtube.com/c/ReinodeCordelia01

Derechos exclusivos de esta edición en lengua española
© Reino de Cordelia, S.L.
C/Agustín de Betancourt, 25 - 6º pta. 13
28003 Madrid

El papel utilizado para la impresión de este libro, fabricado a partir de madera procedente de bosques y plantaciones sostenibles, es cien por cien libre de cloro y está calificado como papel reciclable

© Ramiro Gairín Muñoz, 2024
Cubierta: Detalle de *Gas* (1940), de Edward Hopper

Este Premio de Poesía ha sido convocado y organizado por la Fundación Salamanca Ciudad de Cultura y Saberes del Ayuntamiento de Salamanca

IBIC: DCF | Thema: DCF
ISBN: 978-84-19124-79-1
Depósito legal: M-24413-2024

Diseño y maquetación: Jesús Egido
Corrección de pruebas: María Robledano

Imprime: Técnica Digital Press
Impreso en la Unión Europea
Printed in E. U.
Encuadernación: Felipe Méndez

Carreteras que Brillan en el Bosque

Ramiro Gairín Muñoz

Índice

Todos los libros son para Sheila y Iago.

Este, además, es para nuestra tribu de Fiscal.

Una a una, se atenúan las luces del pueblo
y la montaña brilla en la oscuridad, reflejando la luz.

LOUISE GLÜCK

Todo al cuerpo

EL NIÑO solo en brazos halla el aire,
la madre está a menudo muy cansada,
el padre se tropieza con frecuencia.

Alrededor, las cumbres
no pueden prestar siempre su atención;
a veces la ciudad
solo tiene fatigas
para sus hijos pródigos.

Levantar una familia
no es ninguna figura literaria.

Es un trabajo físico
que solo puede hacerse con las manos,
con los pies en la tierra,
ofreciéndose al cuerpo.

Merecer los topónimos

Alta demanda

Quizá no haya un momento más sagrado,
en el que más encima se nos eche
la mirada de un dios, exista o no;
quizá no haya ocasión mejor
para disolverse en acción, sentir
que la tarea y uno son lo mismo;
quizá nunca se dé una comunión
mayor con lo creado, con lo extinto,
con lo que ha de venir,
con el hilo que a todo nos conecta,

que ese tiempo en que tratas de dormir,
de mantener dormido
—si acaso hubo suerte—

en los brazos a un niño, paseando
por una casa a oscuras.

Y nunca será tan tuyo un espacio,
una fuerza, una estela, la sombra
de un álamo de tiempo.

Ni pertenecerás tanto a un hogar.

La lluvia sobre el zorro

Ratones en los campos. Donde cace el zorro,
habrá sangre mañana en la hierba.
Pero la tormenta, la tormenta la lavará.

Louise GLÜCK

LA BELLEZA lo envuelve todo.

Tenemos que ir al médico
hasta el pueblo vecino;
en la ciudad pequeña, al hospital.
Una carretera entre rebollares.
Abajo, el río; más arriba, el bosque
cambiante; en las cumbres,
rocas y huecos para el blanco.
La bojeda, la escarcha, los rebaños.

No es obvia esta belleza
ni son tan evidentes sus mensajes,
aunque nos zarandee.

Estamos aprendiendo, desde aquí,
desde su interior, a desaprenderla.
Puede que así sepamos hacer algo por ella.

O, mejor, que entendamos
cómo no se hace nada.

Las mareas que fueron
antes mucho más altas que estos montes
entregan todavía en cada puerta
los restos repetidos de naufragios,
semillas infecundas,
heridas para siempre palpitantes.

Quizá haya que volver del miedo
de sacarle la sangre a un niño
para ver que cuidar lo bello importa,
que cuidar el temblor que sin nosotros
no existiría salva a lo que tiembla
—las manos de enfermera, la lluvia sobre el zorro—.

Que cuidar es mirar.
Que lo bello es difícil
porque nunca descansa.

Otra vez el asombro

Los PENÚLTIMOS días de septiembre
son los más calurosos registrados.
Ayer llegó el otoño con sus hojas,
el viento y las bufandas.
Y hoy se ha adelantado
la niebla del invierno, la que no deja ver
lo que hay al otro lado de los puentes.

Uno tras otro,
como los pastorcillos de un belén,
las estaciones y los meteoros
se pisan, se atropellan
casi en la misma fecha
porque quieren venir a conocerte.

Todos buscan tenerte de su parte.
Saber que les presentas tus respetos.

Y tú lo haces cuando te remansas
al salir al camino.
Y todo lo contemplas
con ecuanimidad, con un igual
interés por el frío y el bochorno,
por el viento de puerto o la tronada.
A todo lo que pasa
—animales, tractores, espíritus del río—
le das tu bienvenida.

Merecer los topónimos

A VECES es tan fácil
como si se pusiera de pie el mapa,
como si se mudara el territorio
en maqueta aprendida de memoria
en un gran edificio de la Administración.

A veces, tan difícil
que podrías perder toda esperanza
si no conjeturases la existencia
de un plano de estas tierras, olvidado
debajo de una pila,
en un cajón que roza
como crujen las ondas de la radio
del coche en las laderas.

Al final hay un nombre,
que puedes elegir entre varias opciones,
cuando el calor anuncia que has llegado,

y huele a leña y cuero,
a almizcle de animales invisibles,
a la boca gastada de los árboles.

El niño y el fagüeño

SE HA LEVANTADO un viento
montaraz y caliente
al que ya en los periódicos habían
bautizado con nombre pintoresco.

Le han crecido tentáculos
al cielo negro sobre el valle.
Vienen de la ciudad, y aún más lejos:
dicen que el monstruo nació seco
en las regiones donde el sur se dobla.

Te tira de la bici, pero ríes,
porque ves que a los pájaros
—tus iguales, los reyes

de toda creación—
también los vuelve locos.

En tu risa se cuela
su canto alborotado,
su tácito permiso para el vuelo:

necesitan refuerzos.

El otoño o los límites
del lenguaje

ver lo que ve el sol cuando resbala desde las rocas

Louise GLÜCK

QUE NO SEAS la chica
que en Madrid ha aplastado
el árbol derribado en la borrasca
de origen celta. El hijo
de escritor que murió a los cuatro años
y le dictó su libro verdadero,
esos niños ahogados en piscinas
familiares, vencidos por el humo
de un incendio en su casa,
arrollados por trenes
en la costa, de noche, que volvían
cruzando a oscuras desde la verbena.
El joven atacado con navaja

—la gente lo adoraba—
tras una discusión absurda
y acertado, maldita puntería,
en pleno corazón.

No sabía que el arco iris
se puede atravesar. Ahora mismo,
al pie de la ventana del despacho,
está naciendo uno, llegaría a alcanzarlo
con la mano, tocar de qué está hecho.
Del suelo salen; dejan sus raíces.
Este que aquí delante se me abre
parece que quisiera recoger un mensaje,
llevar algo, decirme algún lugar.

No le pido el apego de los dioses,
que la energía universal,
si se ha de equilibrar,
te coloque en el lado de la suerte.
No pido privilegios para ti;
solo quiero estadística.

Pido que llegues a viejo,
como la mayoría de los hombres;
que pases los otoños, ojalá,
bajo estas peñas, frente a la arboleda
que ahora te defiende.
Con un abrigo escaso
porque hay que tener siempre algo de frío,
intentando explicarte todo esto
hasta alcanzar los límites del lenguaje.

Que pierdas cada año algunas hojas,
que vivas en las casas
hasta que sepas cómo
se les llenan los pies de barro,
que en los últimos días
sean tus brazos ciervos milenarios.

No pienso ahora en tu conciencia,
en cómo deberás autoexigirte
cuando a final de tarde
seas de amor examinado.

Reclamo solamente
la aplicación estricta
de la ley natural:
que veas muchos muertos
antes de que te baje alguien los párpados.

El jabalí negro

AUNQUE nos engañemos,
aunque les parezcamos sumergidos,
aquí en la lejanía,
escondidos del rastro del suceso,
en una vida tan pautada
—acostarse a las mismas horas,
las gotas una vez por día,
cada mes revisión con la pediatra—,

ya no es cuantificable lo que pasa,
no puede deslindarse lo que dura,
saber qué es transcurrir, o qué cumplirse.
Aquí y ahora son
pequeños animales
que buscan en un río.

Convertidos ya en cuidadores,
desde que, además de ser, tenemos,
es el tiempo el que va
tomándonos medidas.

Un jabalí mojado,
al que los años han oscurecido,
que se vislumbra siempre
cerca de estas praderas.

La luz de la sangre

EMPIEZAN otra vez
los días a alargarse,
voraces y melosos.

En épocas pasadas,
esto anunciaba al cuerpo
que era la temporada
de amar o de morir.

Pero ahora esos cuerpos
se han disgregado en tribu
y la luz de la sangre
sube hasta nuestros ojos
y acoge al sol cansado.

Y lo miramos todos,
mayores y pequeños,
y en la misma frecuencia
líquida agradecemos.
Aprendéis devoción
y enseñáis hedonismo,
otra vida pirata.

Porque nuestras miradas
acarician sin muerte
a ese viejo león
que regresa a la jaula
después del espectáculo.

En el centro del bosque

La noche es un libro abierto.
Pero el mundo más allá de la noche
sigue siendo un misterio.

Louise GLÜCK

EL BOSQUE por la noche
no es nuestro territorio.
Abierta la ventana,
mirándolo de frente sin cristales,
parece que nos llama.
Así nacen las fábulas.
Nos atrae y nos encoge
a la vez, con la misma fuerza.

Es como si la luna
fuera una ofrenda suya,
y también la escondiera a voluntad.
Viendo cómo lo mira,
cómo intenta ocultar sus titubeos,

llegamos a pensar que a ella también
le infunde algún temor.

En el centro del bosque, a ciegas,
podemos escuchar cómo suceden
las cosas importantes.
Se tejen invisibles alianzas,
las que deciden qué nos va a ocurrir;
se prepara completo el escenario
sin preguntar si nos atreveremos
a adentrarnos en él.

Enseguida sabemos
que allí, en su seno, vive gente,
que alberga una familia
iguales a nosotros,
que caminan sin luz
hablando, con su ropa y sus zapatos,
con útiles humanos, la lengua no verbal
del resto de animales.

Un niño como tú,
en este bosque negro,
que sabe qué serás
y que no puede aparecer
hasta que llegue el día,
hasta que nos hayamos dispersado
hacia nuestros asuntos.

Quizá estemos aquí
para que os encontréis.

Preguntas a propósito
de la Parcela III

SOLUCIONAR problemas
sin llamar la atención:
un sendero de suaves terraplenes
para salvar caídas
de camino al colegio
y unos poquitos árboles.
La configuración algo curiosa
de planos que se quiebran.

Ahora resplandece,
recién ejecutada.
Parece hasta la hierba
coloreada a mano.

¿Me sobrevivirá? ¿Seguirá ahí
cuando yo ya no esté,
cuando me haya mudado
a la ciudad sin tumbas?

¿Alguien se detendrá para mirarla
de paso hacia sus cosas?
¿Alguien la mira ahora
mientras contemplo yo los montes?
¿Pensará alguien dónde vivirá
el que la diseñó?

¿Recordará mi hijo
el día que lo traiga?
¿Le sobrevivirá también a él?

¿Alguna vez vendrá
a sentarse en mis manos
de sombra de morera?

Ecosistema

LAS ONCE DE LA NOCHE en las campanas.
Ropa de circunstancias
para sacar basura; mal calzado.
Nadie, claro, en la calle.
La extraña vibración
de la vida que es vida porque sí.

Cuatro días de lluvia que han lavado
las flores incipientes del jazmín,
el lomo casi azul de los caballos,
los álamos del viejo caserón.

Que han puesto al descubierto
algunas teorías:

de los bebés hay células
que quedan en el cuerpo de las madres
después de varias décadas del parto;
las parejas que conviven, que se besan,
comparten microbiota, sincronizan
un segundo cerebro en las entrañas.

Hechos un solo cuerpo,
indistinguibles ramas de raíces,
dormís el niño y tú
en esa habitación que es solo cama.
Y sois un bosque bajo el aguacero,
todo un ecosistema cuyas interacciones
apenas conocemos.

La brisa pone a hablar a los fantasmas,
pájaros que me cogen de la mano.

Echar a caminar, porque conmigo vais.
Llegar hasta las últimas farolas,

dejar atrás los puentes,
el rastro de tortugas prehistóricas,

las voces de la luna

y que la oscuridad vaya engulléndome.

Los cerezos no son de nadie

ME RONDA la muerte, últimamente.
Estoy acostumbrándome a pensarla
y la vida me ayuda:
los árboles presumen
cargados de cerezas
y un par de colirrojos
ha anidado en el porche.

Vemos por las mañanas a los padres
traer el desayuno
y oímos el piar de los polluelos.

Desapareceremos antes
que las cosas de las que dependemos.

Es un mensaje alado:
tú has venido a morir aquí,
pero los pájaros y los cerezos
nos vamos a quedar para tus hijos,
para los hijos de tus hijos.

No hará falta que tú les dejes nada.

La civilización en movimiento

No SABE que es fenicio, que es aqueo,
que también es troyano, genovés;
que es etrusco, romano, bizantino;
que es un cruzado, incluso, y un pirata.

Tan solo va corriendo entre la gente
del paseo marítimo
con su moto de plástico,
manchada con verdín de las montañas.

Un boyero en la corte
de la casta de las chanclas.

Y ni siquiera sabe cómo se hace
ese juego de piernas

con el que se da impulso
—esquivo hasta en la cámara
del móvil de sus padres—,

que contiene una historia natural
y culmina una civilización.

Lograr el fuego

Arborecer

No ser tu padre; ser un árbol
repleto de manzanas
al pie de la bañera.

No menear las manos tanto,
solo cuando haga viento.
Tener dentro palabras
en flor, sin aguijones.
Limpiar el aire que mamá respira.

Daros sombra, presencia muda.
Dejar pasar el sol
que caldea las manos,
que vuelve pegajosos a los zumos,

para haceros oler a primavera,
a madera caliente de verano.

Que todo el que os conozca
quiera acercarse a ese perfume.

Los dulces frutos del verano

Solo el agua se escucha. Se distingue
la nerviosa canción de los barrancos,
que empiezan a crecer,
que acumulan ya cosas que contarse,
del murmullo solícito del río
al que se abrazan, como
una madre que asoma
al cuarto de la fiesta de pijamas.

Encima, las estrellas; todas y cada una.
Con ese febril brillo
que solo aquí se ve, que les impone
su laboriosidad.
Graduando la noche con planímetro,

vencidas por el sueño
y los plazos de entrega.

Preparando el destino del tejón
y la raposa; trochas que los lleven,
un día que aún deciden, hasta el claro
en el que una pelea hará que esparzan
todos los dulces frutos del verano.

Del quejigo y el pino del sendero
por el que bajarán adolescentes
tritones y muchachos
en diferentes tiempos,
con la sangre flotando bocarriba,
colgados de la luna que hoy descansa.

El camino del aire que ocupamos
los que miramos hacia arriba
y el de aquellos en quien primero
pensamos al hacerlo;
su forma de decir que han sido ellas

las que nos han devuelto
la alegría del cuerpo,
el don para cumplir con sus promesas.

La encina de Villamana

La ENCINA está pariendo
saurios de mediodía;
su escamosa corteza
da forma a toda clase de reptiles.
Se desprenden, incrédulos, y caen.
Aturdidos, se arrastran hacia el bosque.

Eres lo primero que ven,
minúsculo y dormido
debajo de una sombra
de cuatrocientos años.

Culebras, sargantanas
pasan junto a la manta sin tocarte,
despertando a mirar.

Hace poco la nieve
la partió en dos mitades.
Ahora el tronco es hueco,
caben aquí más siglos que en su umbría.

Vendremos a dejarle,
a olvidar dentro,
cada día una idea.

Las horas violeta

El valle se ha hecho templo
—penumbra tibia y paz—…

La Ronda de Boltaña

A ESTE RATO lo llaman
la hora violeta.
El rosa de los cielos
se escarcha en los nudillos,
se agarra a las muñecas
aunque estén en faena:
hace frío en la parte
más alta de las manos.

Con mis palmas caliento
el dorso de las tuyas,
me las das sin saber muy bien por qué,
y te digo que mires hacia arriba.

Salimos a avistarlas
y se erizan las hayas en la peña,
se intercambian mensajes
las yemas de las ramas y los dedos,
como si fueran a crecer,
porque allí se acumula, en ese instante,
la savia que se mueve todavía
mezclada en nuestra sangre.

Hay que aprender a ver en esta hora,
que nos ocurrirá día tras día,
igual que hay que saber
pisar las hojas secas de un camino;

decir si son de agosto o de noviembre.

La otra sentimentalidad

YA NO me apremian
esos libros pendientes de escribir,
esos grandes poemas
que tiemblan, cosquillean en las uñas,
alguna cima lírica, quizá,
e inesperadamente,
a mi voz destinada,

                si le pongo tesón.

Ahora me agobia
la ropa por planchar.

A fin de cuentas,
hay dos cosas seguras:

que no haré ni un rasguño
en la historia de la literatura,
y que no nos alcanzan hasta el viernes
los pantalones limpios.

Con pincel y cuidado

Descubro en la libreta
que siempre llevo encima
apuntes para versos
de amor que no llegué a escribirte.

Se mezclan con las listas de la compra,
con croquis y medidas de visillos,
teléfonos sin nombre,
tartas de cumpleaños saludables,
regalos para el chico.

Los alcanzo cruzando los estratos
de cotidianidad apelmazados,
con pincel y cuidado,

como en excavaciones arqueológicas
de poblados humanos habitados
continuadamente.

La emoción se parece,
supongo, a la de hallar una figura
de terracota, un peine para niños,
ya de noche, alumbrando los trabajos
con vacilantes focos.
El día ha sido duro,
mucha gente opinaba
sobre dónde buscar,
se volvía difícil
hacer caso al instinto.

Los descombro y paso a limpio
bajo la luz del flexo,
cuando todos descansan.
Los descifro y entiendo;
en nuestra nueva lengua,
por suerte, no se pierde
nada en la traducción.

Quienes allí reposan
ya no tenían miedo de crecer,
de buscar más allá de las fronteras:

se habían convertido
en el mejor lugar para vivir.

Antes del túnel

Ha ocurrido ya varias veces.

Cuando estoy embocando el túnel,
al coronar el puerto,
el túnel que me lleva a casa,
a los ojos con brazos de la aldea,
a su brillo, después de trabajar
junto al lánguido río de las fábricas,

empieza en la muñeca
el reloj a bailarme,
como si me estuviera adelgazando,
como si de repente a la correa
le sobraran los últimos agujeros.

Me figuro que el alma y su puñado
de gramos me abandonan,
quizá para anunciaros mi llegada,
que el niño siempre intuye
unos minutos antes.

Lo sé porque he advertido
otros vahos iguales a otras almas
ondeando en el musgo de los muros
de la iglesia o la torre, de las bordas,
si nos calzamos botas y salimos
a dar nuestro paseo
de antes de cenar, aunque diluvie
o caiga todo el frío desde el cielo.

Ese paseo en el que caminamos
como pisando sílabas, palabras
que todavía enuncian,
llenas de arcilla, torpes y serenas,
personas y animales, árboles y ventiscas

tiempo ha convertidos en trayectos
entre el río y los campos.

Igual que cuando baja la fiebre y renacemos,
vuelven a las muñecas sus humores,
acaba por posarse todo el cuerpo
en las losas calizas de la plaza.

Tengo que terminar de decir esto,
explicároslo bien
                    —es importante—,

pero no sé, aún, cuándo será.

Reproducción del sauce
por esquejes

DISPONGO con cuidado en una mesa
un poco del cabello que acabamos
de cortarte, y al lado mi mechón.
Hago fotografías.
Parecen dos rimeros
de varillas de sauce que empleamos
para encender el fuego.
En las mías, los blancos líquenes
retrasan la ignición.
Yo ya no ardo solo con el sol.

Vivimos tantas vidas como cortes
de pelo atesoramos.
Como si cada una

creciera de un esqueje.
Y somos diferentes, algo nuevos.
Una versión distinta de nosotros
que recorre completa
una biografía hasta volver
a someterse al peine y la tijera.

Vas llenando un cajón con existencias;
necesitas el sitio de los nuestros.
Empiezas la defensa del empate.
La gente te recuerda
con el otro peinado
al comentar la imagen que enviamos.

Cuento

Un GRIS oficinista
podría estar leyéndolo ahora mismo,
en un grueso volumen
viejo de tapas duras,
mientras afuera llueve.

Los cielos han bajado a la montaña,
mesan sus largas barbas las laderas,
cruzan los animales, los pájaros andando,
carreteras que brillan en el bosque.

Al frío le aparecen ojos blancos,
asomado a las ventanas
de la pequeña casa,

y la niebla y el viento y la tormenta
se hacen carne apretada,
manos y pies que tocan a kilómetros
de aire, que desmontan la afilada
composición del vaho que respiran.

Que de aquí para allá
trabajan en urdir un nuevo suelo
guardián de huellas verdes.
Un baúl de baúles de memorias
encontradas ya cuando no hace falta,
indetectable cápsula de tiempo.
Un vuelo misterioso
del que aquí solo habrá noticia.

Un gris oficinista
que mira desde dentro de esa nave,
sacudiéndose el polvo del camino,
ordenando los tiempos,
cómo flota el espacio alrededor.

A la mañana siguiente

CANTA encendida
la nieve derritiéndose
en los tejados,

igual que anoche
los pájaros cantaban
al convocarla.

El mismo tono,
la melodía eterna
de lo invencible.

De lo que llega a ser del aire.

Poética

No existe lo que coges,
nada de todo esto con lo que estás jugando.
Me invitas a una casa hecha en el aire,
a un café imaginario,
puedo elegir el coche que me guste
y echar con él carreras.

El tuyo va muy rápido,
se adapta bien a todos los terrenos,
puede ser policía o ambulancia.
Lo alimenta sentir
el agarre a la hierba, al hormigón.
También hay herramientas,
fábricas y talleres
donde hemos cocinado antes pasteles.

A nuestra espalda, nadie,
en todo este edificio laberíntico,
en este gran caldero que inventaron
ya los antiguos dioses
para mezclar el barro con los hálitos,
va a poder arreglar lo que no existe,
el vacío que lleva mamá dentro.

Lo tendrá que hacer ella.
Como todas las cosas
que habrán de recordarnos
que somos solo eso,
animales con dioses.
A esta hora, nosotros, aquí fuera,
aún no lo sabemos.

No es la imaginación lo que se pierde;
son los cuerpos, mi hijo, que se gastan.
No le tengas en cuenta
a este aturdido padre la torpeza

de no haber extraído una enseñanza,
pisado bien la vida en aquel lapso.

Tú sí me estabas dando
una lección de poesía.

El fuego

Fuegos de otoño dorarán las hayas
y una chispa sagrada prenderá el viejo hogar.

La Ronda de Boltaña

Hemos logrado el fuego:
el bosque se ha hecho silva,
van siguiendo los lares, que se acercan,
las huellas aún más blancas
del humo sobre nieve.
Ha dado una zancada nuestra crónica,
la podremos medir cuando encontremos
instrumentos precisos,
nuevas categorías.

Desembarcó la leña como ejército
de desharrapados, fue necesario
un ejercicio dulce y físico
de autodisciplina; apilada en el sótano,

es un búnker ahora, otra cabaña.
No son de nuestro reino
las cosas que suceden en sus huecos.
Convierten en madera, hebra por hebra,
voces en la ciudad estropeadas.

Tuvimos que aprender en las cavernas
de la especie lo olvidado.
Recuperar el frío y la intemperie.
Volvimos a inventar
cómo heredamos la tecnología.

Hemos hallado un centro:
ya estás tú en tus tareas, yo en las mías
y el niño en su misión tan grave
de ser tres veces niño,
en su silencio lleno de fragores.

Nos relata la hoguera sus historias,
su odisea de escamas y papeles,
y al futuro lo asusta tanta llama.

El humo

Si los hombres permanecen,
los dioses ya volverán.

La Ronda de Boltaña

De la segunda vela del adviento
crece, como un ciprés que sostuviera
un peso intraducible, una llamita,
mientras abrimos cajas y buscamos
adornos navideños.

En un descuido, el niño
la apaga de un soplido
que acaba de aprender.

Y es en el humo, en sus lentas y densas
volutas, en su juego de siluetas,
donde surgen los padres,
los tíos, las abuelas,

los queridos amigos.
Ya no están en las cajas de recuerdos,
ya no son esa mella de la puerta.
Con la lumbre han venido
y no pueden quedarse,
pero a tiempo los hemos descifrado.

No es este su lugar, ninguno vivió aquí,
y se alegran de vernos entroncados.
Van saliendo, morosos, por el tiro
inevitable de la chimenea;
conversan en corrillos, suben
camino a los neveros.

Para saber volver.
Para saber traernos
de nuevo si algún día nos perdemos.

El camino que unos hacen otros lo han de deshacer.

La Ronda de Boltaña

Notas

LOS VERSOS de Louise Glück están tomados de su poemario *A Village Life*, en la edición española de Pre-Textos (2020), titulada *Una vida de pueblo*, con traducción de Adalber Salas Hernández. La lectura de sus libros, en nuestra casa de la montaña, va unida a la redacción de estos poemas.

Los versos de La Ronda de Boltaña, escritos por Manuel Domínguez, están tomados de sus canciones (por orden de aparición) «Diciembre», «La casa caída», «Una huella en la nieve» y «Mermelada de moras». La música de este grupo altoaragonés también ha acompañado la composición del libro, y todos los viajes por las carreteras que brillan en el bosque. Y ha hecho feliz a mi hijo.

Esta primera edición en
LOS VERSOS DE CORDELIA de
CARRETERAS QUE BRILLAN EN EL BOSQUE
se acabó de imprimir
en el otoño de 2024

LOS VERSOS DE CORDELIA
ÚLTIMOS TÍTULOS PUBLICADOS

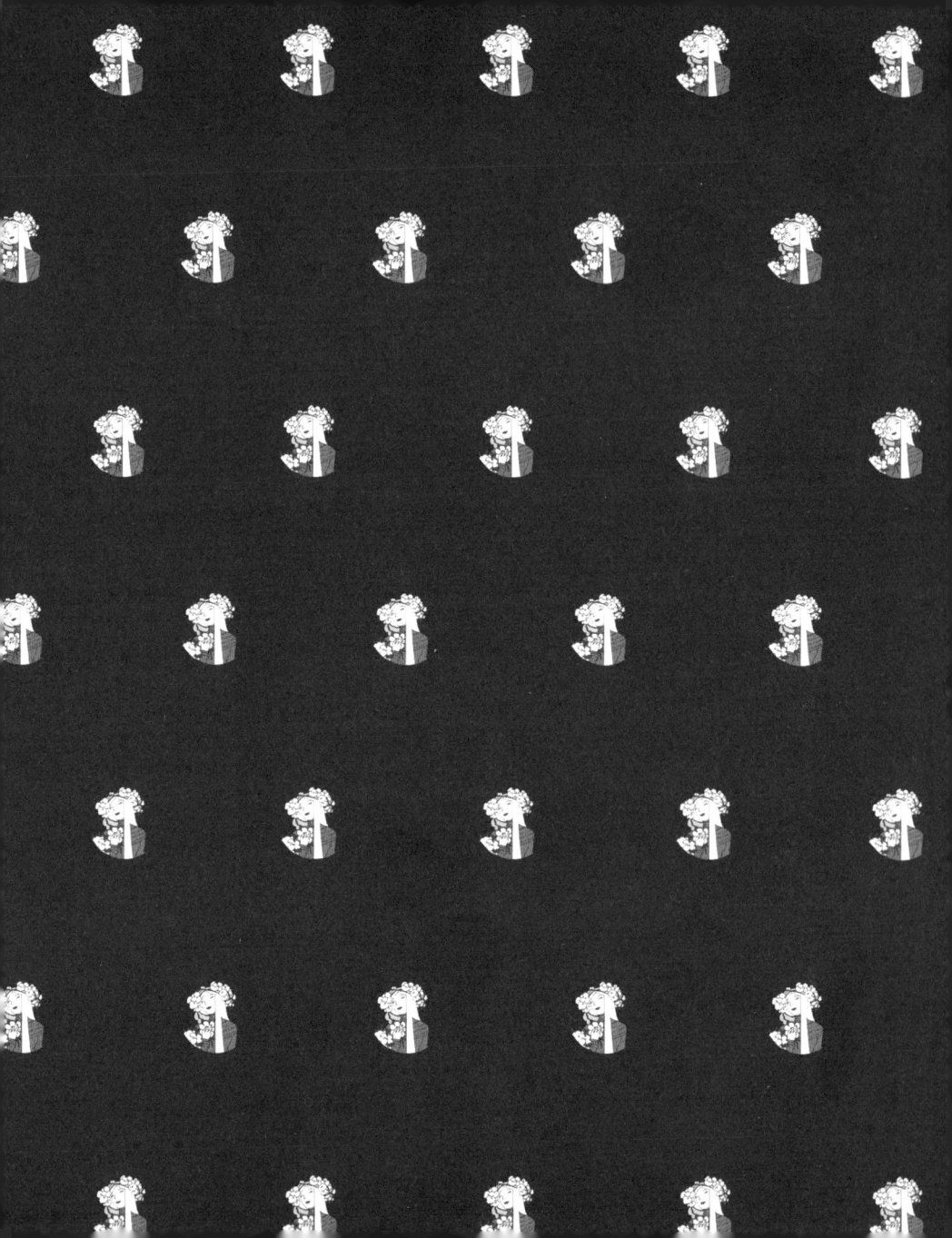